Impressum
Verlag: BABADADA GmbH, Nedderfeld 112 , 22529 Hamburg
Geschäftsführer / Verlagsleitung: Harald Hof
Druck: Books on Demand GmbH, In de Tarpen 42, 22848 Norderstedt

Imprint
Publisher: BABADADA GmbH, Nedderfeld 112 , 22529 Hamburg, Germany
Managing Director / Publishing direction: Harald Hof
Print: Books on Demand GmbH, In de Tarpen 42, 22848 Norderstedt

d Schuel
school

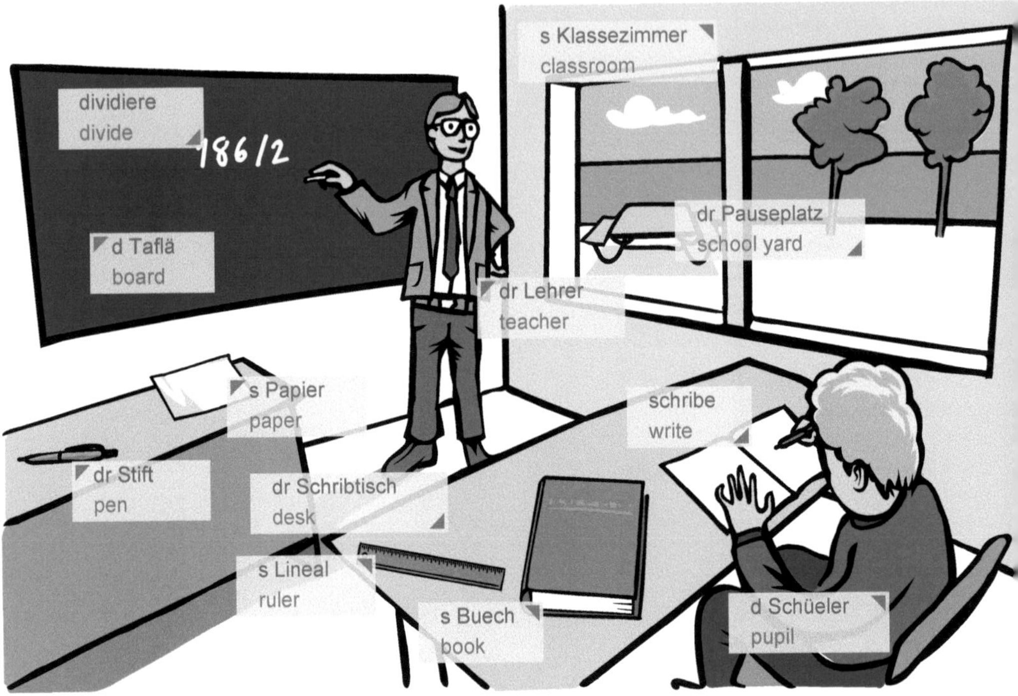

s Klassezimmer
classroom
dividiere
divide
186/2
d Taflä
board
dr Pauseplatz
school yard
dr Lehrer
teacher
s Papier
paper
schribe
write
dr Stift
pen
dr Schribtisch
desk
s Lineal
ruler
s Buech
book
d Schüeler
pupil

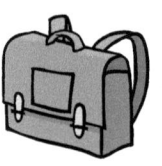

dr Thek
satchel

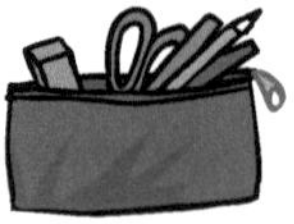

s Etui
pencil case

dr Bleistift
pencil

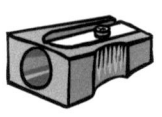

dr Spitzer
pencil sharpener

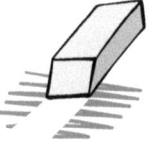

s Radiergummi
rubber

dr Zeicheblock
drawing pad

d Zeichnig

drawing

dr Pinsel

paintbrush

dr Malchaschte

paint box

d Schär

scissors

dr Liim

glue

s Üebigsheft

exercise book

d Huusufgabe

homework

12

d Zahl

number

2+2

addiere

add

5-2

subtrahiere

subtract

2×2

multipliziere

multiply

rächne

calculate

A

dr Buechstabe

letter

**ABCDEFG
HIJKLMN
OPQRSTU
VWXYZ**

s Alphabet

alphabet

hello

s Wort

word

dr Text

text

läse

read

d Kriide

chalk

d Lektion

lesson

s Klassäbuech

register

d Prüefig

exam

s Zügnis

certificate

d Schueluniform

school uniform

d Usbildig

education

d Enzyklopädie

encyclopedia

d Universität

university

s Mikroskop

microscope

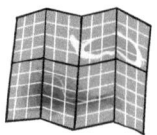

d Charte

map

dr Papierchorb

waste-paper basket

d Schuel - school

d Reis
travel

s Hotel
hotel
Grand
d Härbärg
hostel
ROOMS
d Wächselstube
bureau de change
EXCHANGE
dr Koffer
suitcase
s Auto
car

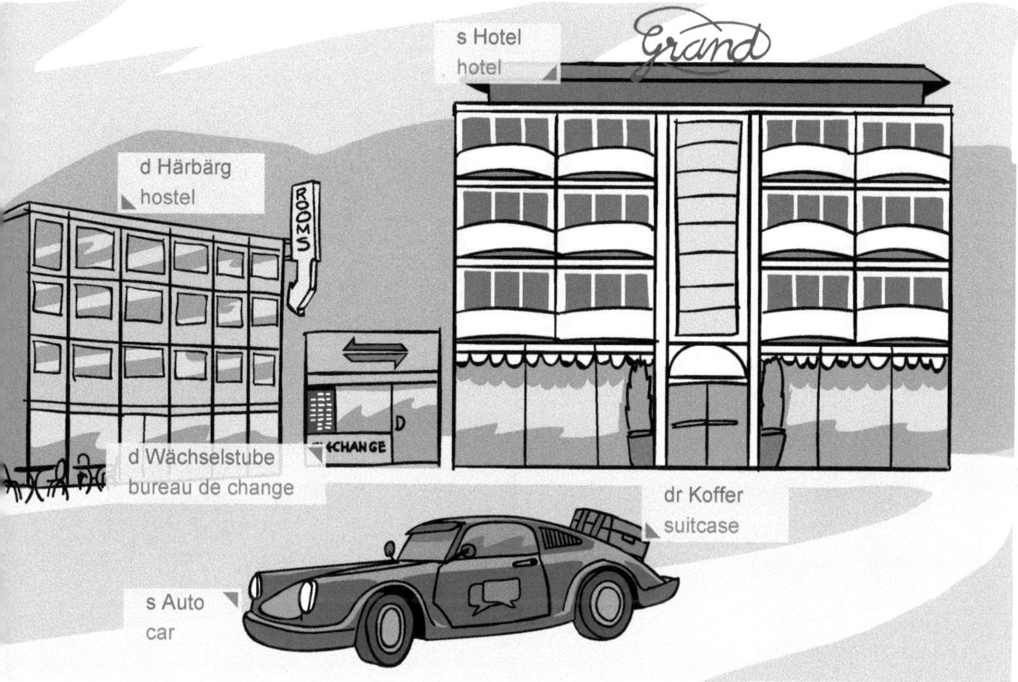

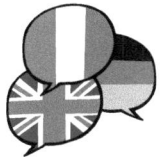

d Sprach
language

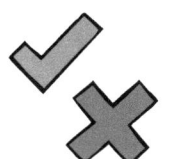

jo / nei
yes / no

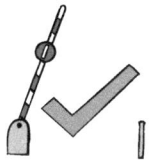

okay
Okay

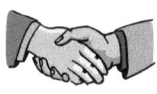

Hallo
hello

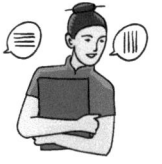

dr Dolmetscher
translator

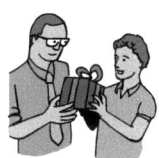

Dankä
Thank you

Was chostet...?

how much is...?

Ich vrstahs nöd

I do not understand

s Problem

problem

Guete Abig!

Good evening!

guete Morgä!

Good morning!

guete Abig!

Good night!

Uf Wiederseh

bye bye

d Richtig

direction

s Bagaasch

luggage

d Täsche

bag

dr Rucksack

backpack

dr Gast

guest

dr Ruum

room

dr Schlafsack

sleeping bag

s Zält

tent

d Reis - travel

d Touristeninformation

tourist information

dr Strand

beach

d Kreditkarte

credit card

s Zmorge

breakfast

s Zmittag

lunch

s Znacht

dinner

s Billet

ticket

dr Ufzug

lift

d Briefmarke

stamp

d Gränze

border

dr Zoll

customs

d Botschaft

embassy

s Visum

visa

dr Pass

passport

dr Transport
transport

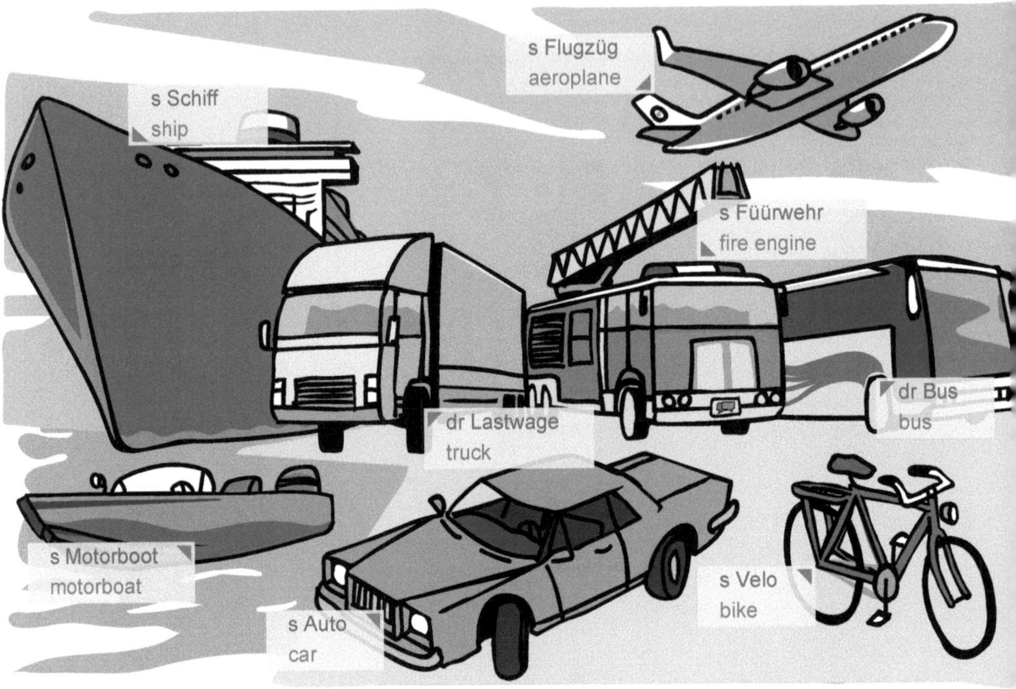
s Flugzüg
aeroplane
s Schiff
ship
s Füürwehr
fire engine
dr Bus
bus
dr Lastwage
truck
s Motorboot
motorboat
s Velo
bike
s Auto
car

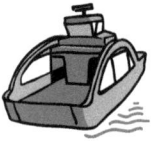

d Fähri

ferry

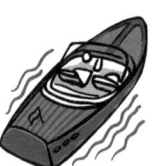

s Boot

boat

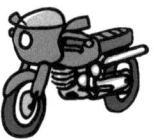

s Töff

motorbike

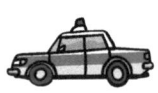

s Polizeiauto

police car

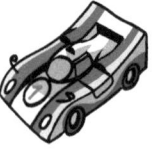

s Rännauto

racing car

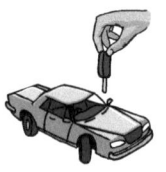

dr Mietwage

rental car

s Carsharing

car sharing

dr Abschleppwage

breakdown truck

dr Chübelwage

refuse truck

dr Motor

motor

s Benzin

fuel

d Tankstell

petrol station

s Verkehrsschild

traffic sign

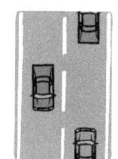

dr Vercehr

traffic

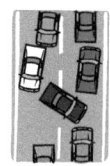

dr Stau

traffic jam

dr Parkplatz

car park

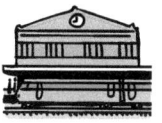

dr Bahnhof

train station

d Schiene

tracks

dr Zug

train

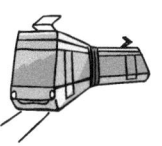

d Strassebahn

tram

dr Wagon

carriage

dr Helikopter

helicopter

dr Flughafe

airport

dr Tower

tower

dr Passagier

passenger

dr Container

container

dr Karton

carton

dr Chare

cart

dr Korb

basket

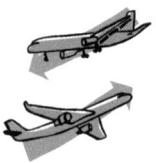

starte / lande

take off / land

d Stadt

city

s Dorf

village

s Stadtzentrum

city centre

s Huus

house

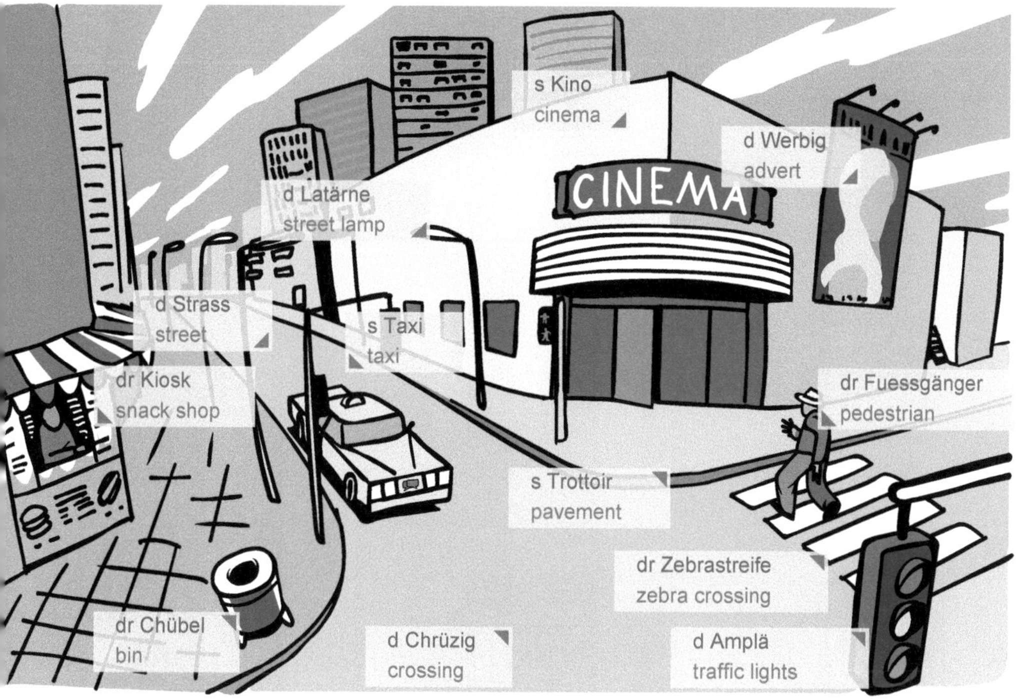

s Kino
cinema

d Werbig
advert

d Latärne
street lamp

d Strass
street

s Taxi
taxi

dr Kiosk
snack shop

dr Fuessgänger
pedestrian

s Trottoir
pavement

dr Zebrastreife
zebra crossing

dr Chübel
bin

d Chrüzig
crossing

d Amplä
traffic lights

d Hütte
hut

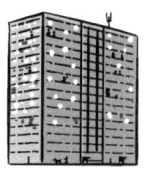

d Wohnig
flat

dr Bahnhof
train station

s Gmeindshuus
town hall

s Museum
museum

d Schuel
school

d Stadt - city

d Universität

university

d Bank

bank

s Spital

hospital

s Hotel

hotel

d Apotheke

pharmacy

s Büro

office

s Buechgschäft

book shop

s Gschäft

shop

dr Bluemelade

florist's

dr Läbensmittellade

supermarket

dr Märt

market

s Chaufhuus

department store

dr Fischhändler

fishmonger's

s Iihkaufszentrum

shopping centre

dr Hafe

harbour

d Stadt - city

dr Park

park

d Bank

bench

d Brugg

bridge

d Stäge

stairs

d U-Bahn

underground

dr Tunnell

tunnel

d Bushaltestell

bus stop

d Bar

bar

s Restaurant

restaurant

dr Briefchastä

postbox

s Strasseschild

street sign

d Parkuhr

parking meter

dr Zolli

zoo

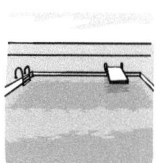

d Badi

swimming pool

d Moschee

mosque

dr Buurehof
....
farm

d Umwältvrschmutzig
....
pollution

dr Fridhof
....
graveyard

d Chile
....
church

dr Spielplatz
....
playground

dr Tämpel
....
temple

d Landschaft
landscape

s Blatt
leaf

dr Wägwiiser
signpost

dr Wäg
way

d Wise
meadow

dr Stei
stone

dr Baum
tree

dr Wanderer
hiker

dr Fluss
river

s Gras
grass

d Bluamä
flower

s Tal

valley

dr Bärg

hill

dr See

lake

dr Wald

forest

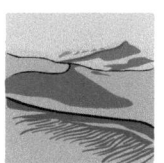

d Wüeschti

desert

dr Vulkan

volcano

s Schloss

castle

dr Rägeboge

rainbow

dr Pilz

mushroom

d Palme

palm tree

dr Moskito

mosquito

d Fliege

fly

d Ameise

ant

s Biendli

bee

d Spinne

spider

d Landschaft - landscape

dr Chäfer

beetle

dr Frosch

frog

s Eichhörnli

squirrel

dr Igel

hedgehog

dr Haas

hare

d Üle

owl

d Vogu

bird

dr Schwan

swan

s Wildschwein

boar

dr Hirsch

deer

dr Elch

moose

dr Damm

dam

d Windturbine

wind turbine

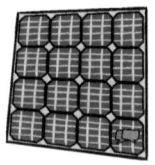

dr Sunnekollektor

solar panel

s Klima

climate

s Restaurant
restaurant

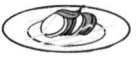

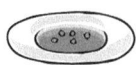

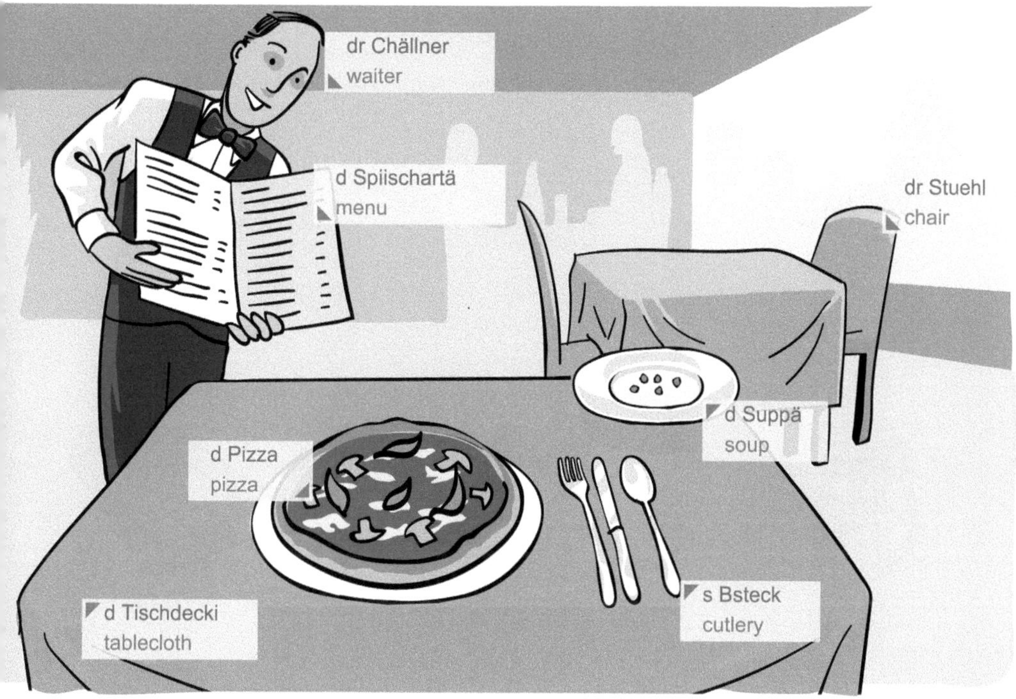
dr Chällner
waiter
d Spiischartä
menu
dr Stuehl
chair
d Suppä
soup
d Pizza
pizza
s Bsteck
cutlery
d Tischdecki
tablecloth

d Vorspiies
starter

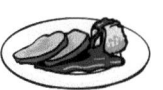

s Hauptgricht
main course

s Dessert
dessert

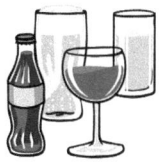

s Getränk
drinks

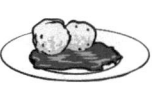

d Läbensmittel
food

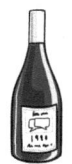

d Fläsche
bottle

s Fast Food

fast food

s Street Food

street food

d Teechanne

teapot

d Zuckerdosä

sugar bowl

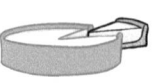

d Portion

portion

d Espressomaschine

espresso machine

dr Hochstuehl

high chair

d Rächnig

bill

s Tablett

tray

s Mässer

knife

d Gable

fork

dr Löffel

spoon

dr Teelöffel

teaspoon

d Serviette

serviette

s Glas

glass

s Restaurant - restaurant

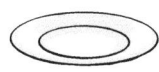

dr Täller

plate

dr Suppetällär

soup plate

d Untertasse

saucer

d Sose

sauce

dr Salzstreuer

salt pot

d Pfäffermühli

pepper mill

dr Essig

vinegar

s Öl

oil

d Gwürz

spices

ds Ketchup

ketchup

dr Sänf

mustard

d Mayonnaise

mayonnaise

dr Läbensmittellade

supermarket

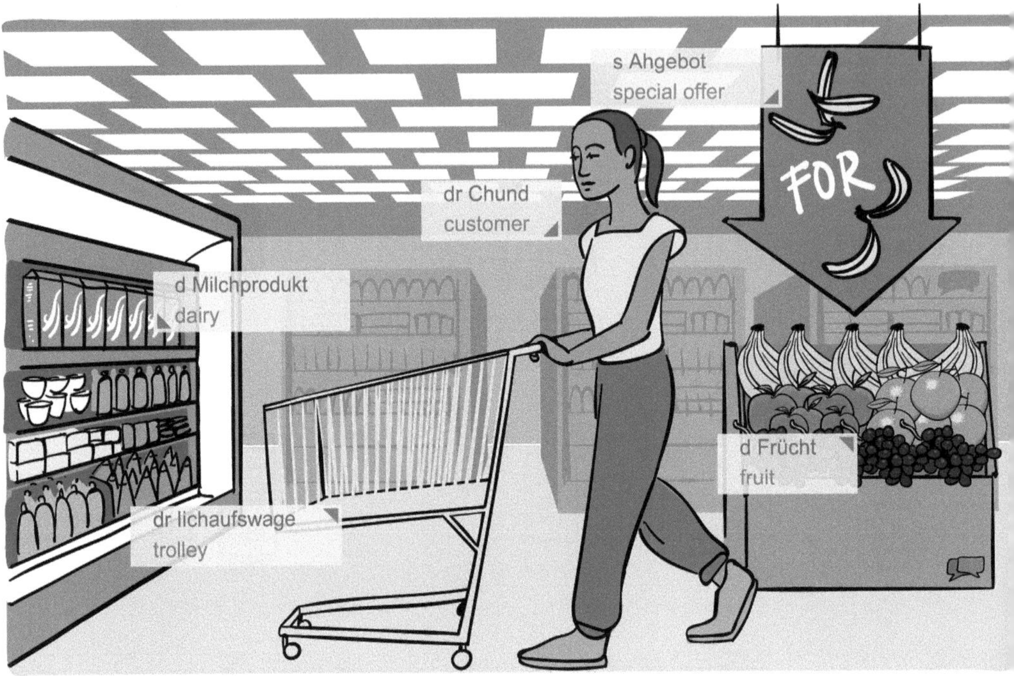

s Ahgebot
special offer
FOR
dr Chund
customer
d Milchprodukt
dairy
d Frücht
fruit
dr Iichaufswage
trolley

BUTCHERS

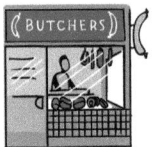

dr Schlachter

butcher´s

BAKERY

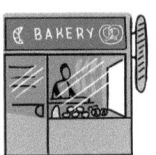

dr Beck

baker´s

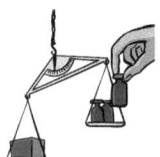

wiege

weigh

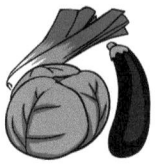

s Gmües

vegetables

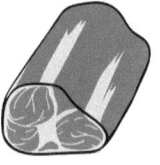

s Fleisch

meat

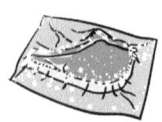

d Tiefkühlprodukt

frozen food

dr Ufschnitt

cold meat

d Konsärve

tinned food

s Wöschmittel

washing powder

d Süessigkeite

sweets

d Huushaltartikel

household products

s Putzmittel

cleaning products

d Verchäuferin

salesperson

d Kassä

till

dr Kassierer

cashier

d Ihchaufsliste

shopping list

d Öffnigszite

opening hours

s Portemonnaie

wallet

d Kreditkarte

credit card

d Täsche

bag

dr Plastiksack

plastic bag

s Wasser

water

dr Saft

juice

d Milch

milk

d Cola

coke

dr Wii

wine

s Bier

beer

dr Alkohol

alcohol

s Ovi

cocoa

dr Tee

tea

dr Kafi

coffee

dr Espresso

espresso

dr Cappuccino

cappuccino

d Banane

banana

dr Öpfel

apple

d Orange

orange

d Melone

melon

d Zitrone

lemon

s Rüebli

carrot

dr chnoobli

garlic

dr Bambus

bamboo

d Zwiblä

onion

dr Pilz

mushroom

d Nüss

nuts

d Nudle

noodles

d Spaghetti

spaghetti

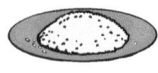

dr Riis

rice

dr Salat

salad

d Pommfrit

chips

d Bratherdöpfel

fried potatoes

d Pizza

pizza

dr Hamburgär

hamburger

s Sandwich

sandwich

s Gotlett

cutlet

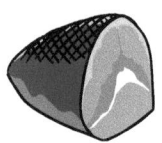

dr Schinkä

ham

d Salami

salami

s Würschtli

sausage

s Huehn

chicken

dr Bratä

roast

dr Fisch

fish

d Haferflocke

porridge oats

s Müesli

muesli

d Cornflakes

cornflakes

s Mähl

flour

s Gipfeli

croissant

s Brötli

bread roll

s Brot

bread

dr Toscht

toast

s Guetzli

biscuits

d Butter

butter

dr Quark

curd

dr Chueche

cake

s Ei

egg

s Spiegelei

fried egg

dr Chäs

cheese

d Glace

ice cream

dr Zucker

sugar

dr Honig

honey

d Gonfi

jam

d Nougat-Creme

chocolate spread

s Curry

curry

dr Buurehof
farm

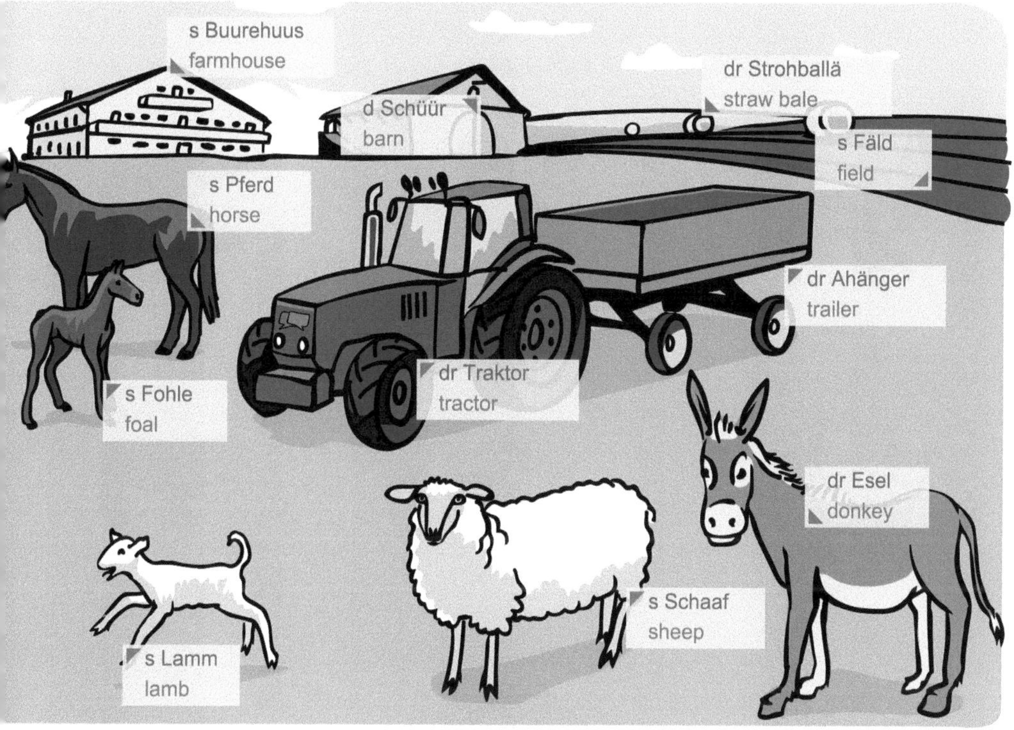
s Buurehuus
farmhouse
dr Strohballä
straw bale
d Schüür
barn
s Fäld
field
s Pferd
horse
dr Ahänger
trailer
s Fohle
foal
dr Traktor
tractor
dr Esel
donkey
s Schaaf
sheep
s Lamm
lamb

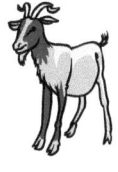

d Geiss
goat

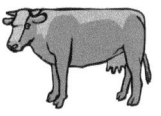

d Chueh
cow

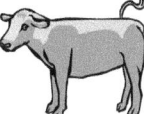

s Chalb
calf

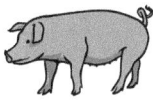

d Sau
pig

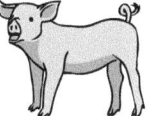

s Ferkel
piglet

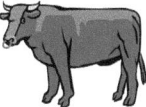

s Rind
bull

d Gans

goose

d Änte

duck

s Küke

chick

s Huähn

hen

dr Güggel

cock

d Ratte

rat

d Chatz

cat

d Muus

mouse

dr Ochse

ox

dr Hund

dog

d Hundehütte

doghouse

dr Garteschluuch

garden hose

d Giesschanne

watering can

d Sägese

scythe

dr Pflueg

plough

d Sichel

sickle

d Hacke

hoe

d Heugable

pitchfork

d Axt

axe

d Garette

wheelbarrow

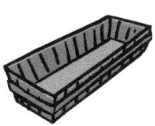

dr Trog

trough

d Milchchanne

milk can

dr Sack

sack

dr Haag

fence

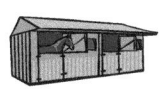

dr Gadä

stable

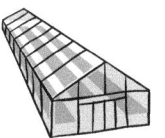

s Gwächshuus

greenhouse

dr Bode

soil

dr Soome

seed

dr Dünger

fertilizer

dr Mähdrescher

combine harvester

ärnte

harvest

d Ärnte

harvest

d Yamswurzle

yams

dr Weize

wheat

s Soja

soy

dr Härdöpfel

potato

dr Mais

corn

dr Raps

rapeseed

dr Obstbaum

fruit tree

dr Maniok

cassava

s Getreide

cereals

s Huus
house

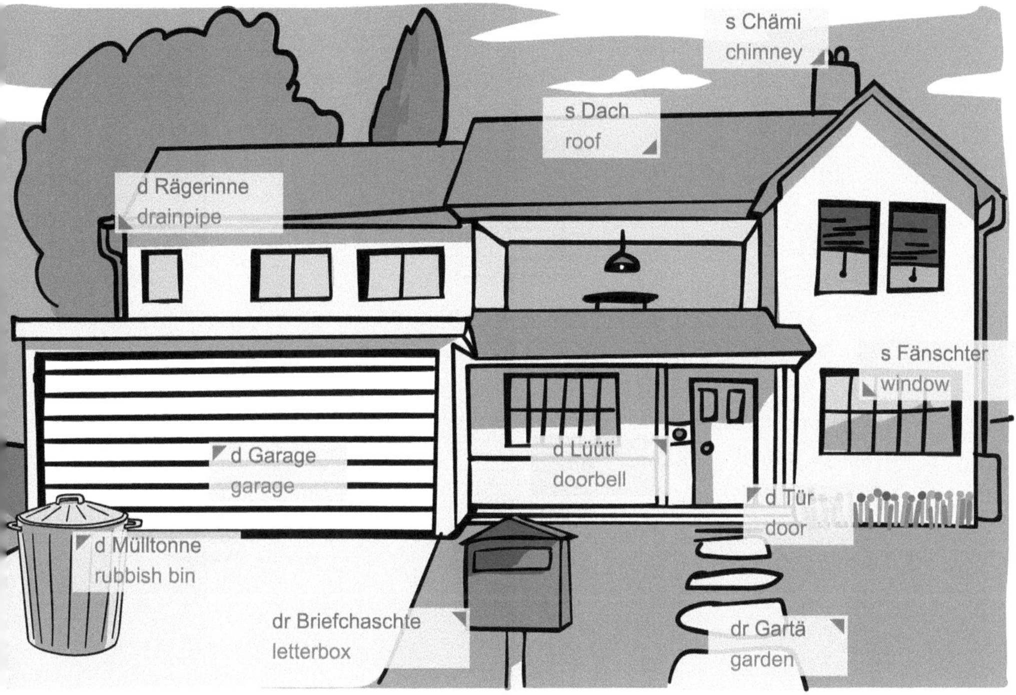
s Chämi
chimney
s Dach
roof
d Rägerinne
drainpipe
s Fänschter
window
d Garage
garage
d Lüüti
doorbell
d Tür
door
d Mülltonne
rubbish bin
dr Briefchaschte
letterbox
dr Gartä
garden

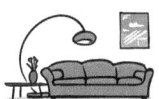

s Stubä

living room

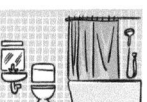

s Badzimmer

bathroom

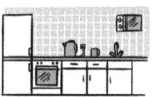

d Chuchi

kitchen

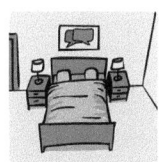

s Schlofzimmer

bedroom

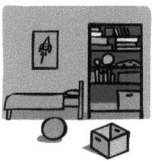

s Chinderzimmer

child's room

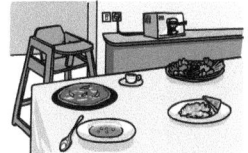

s Ässzimmer

dining room

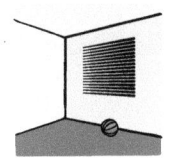

dr Bodä

floor

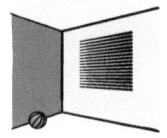

d Wand

wall

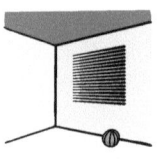

d Decki

ceiling

dr Chäller

cellar

d Sauna

sauna

dr Balkon

balcony

d Terasse

terrace

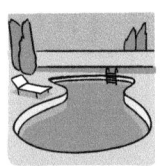

s Pool

pool

dr Rasemäier

lawn mower

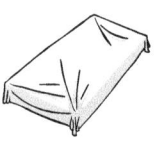

dr Bettbezug

sheet

d Bettdecki

bedspread

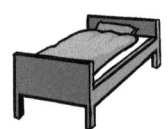

s Bett

bed

dr Bäse

broom

dr Chübel

bucket

dr Schalter

switch

s Stubä
living room

d Tapete
wallpaper
s Bild
picture
d Lampä
lamp
s Regal
shelf
dr Schrank
cupboard
dr Färnseh
television
dr Kamin
fireplace
d Bluamä
flower
s Chüssi
cushion
s Sofa
sofa
d Vasä
vase
d Färnbedienig
remote control

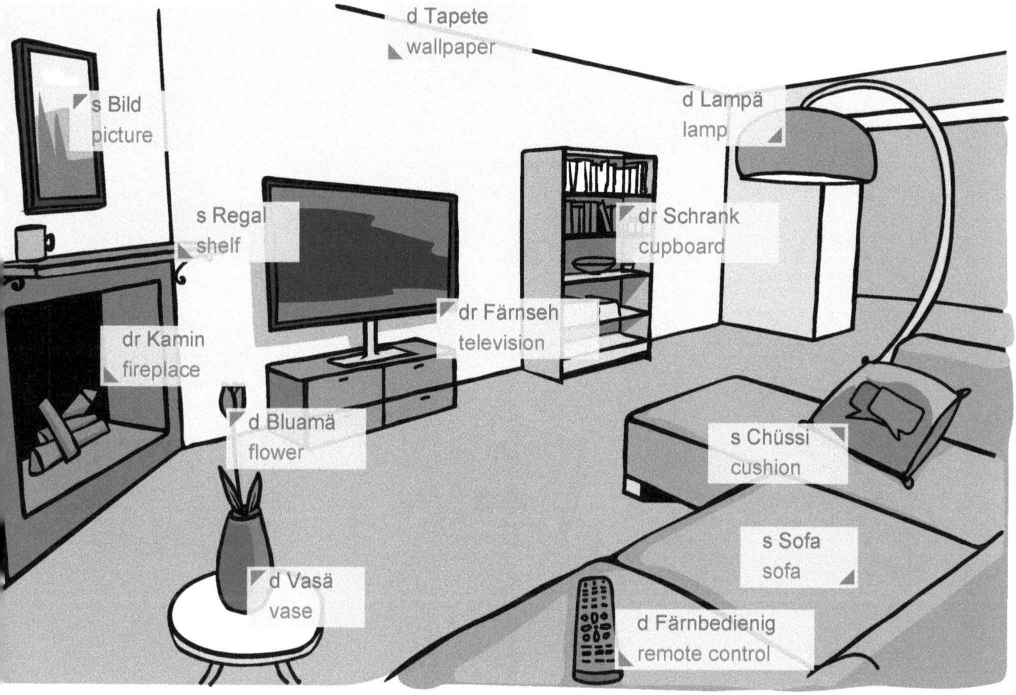

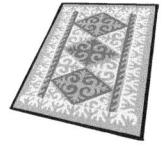

dr Teppich

carpet

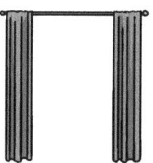

dr Vorhang

curtain

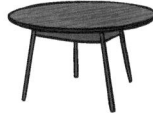

dr Tisch

table

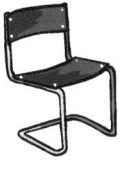

dr Stuehl

chair

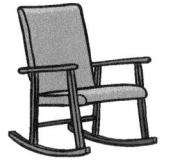

dr Schaukelstuehl

rocking chair

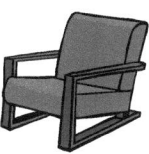

dr Sässel

armchair

s Buech

book

d Decki

blanket

d Dekoration

decoration

s Füürholz

firewood

dr Film

film

d Stereoahlag

hi-fi equipment

dr Schlüssel

key

d Ziitig

newspaper

s Bild

painting

s Poster

poster

s Radio

radio

dr Notizblock

notepad

dr Staubsuuger

hoover

dr Kaktus

cactus

d Chärze

candle

d Chuchi
kitchen

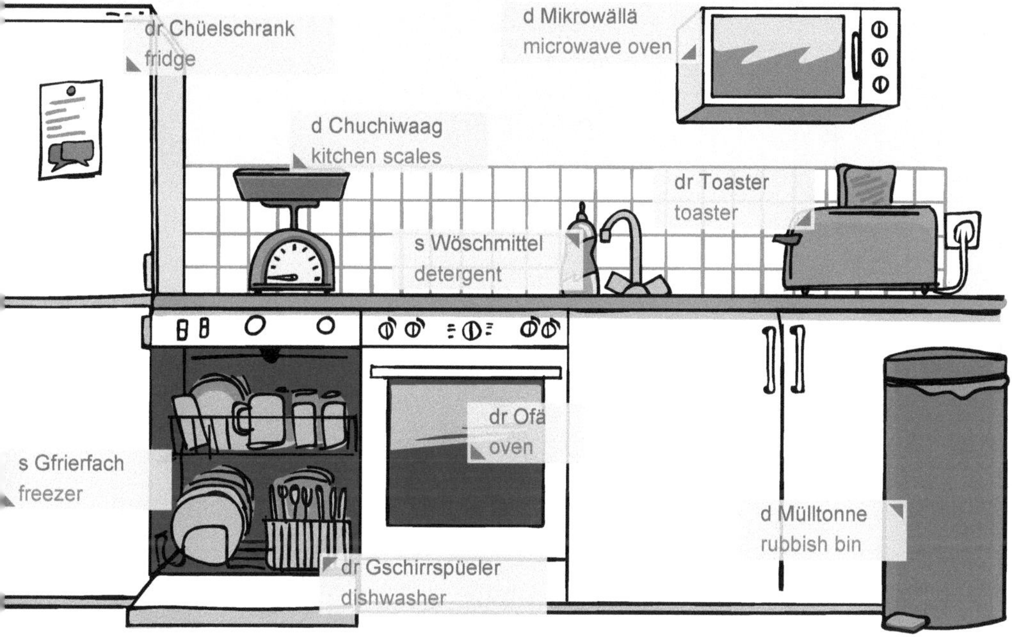
dr Chüelschrank
fridge
d Mikrowällä
microwave oven
d Chuchiwaag
kitchen scales
dr Toaster
toaster
s Wöschmittel
detergent
dr Ofä
oven
s Gfrierfach
freezer
d Mülltonne
rubbish bin
dr Gschirrspüeler
dishwasher

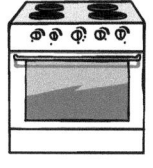

dr Härd

cooker

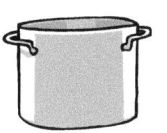

dr Topf

pot

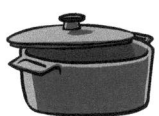

dr Iisetopf

cast-iron pot

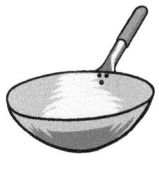

dr Wok / Kadai

wok / kadai

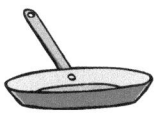

d Pfanne

pan

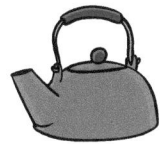

dr Wasserchocher

kettle

dr Dampfer

steamer

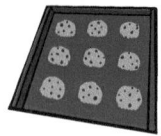

s Bachbläch

baking tray

s Gschirr

crockery

dr Bächer

mug

d Schale

bowl

d Stäbli

chopsticks

d Suppechellä

ladle

dr Pfannewänder

spatula

dr Schneebäse

whisk

s Sieb

strainer

s Sieb

sieve

d Raffle

grater

dr Mörser

mortar

dr Grill

barbecue

d Füürstell

open fire

s Schniidbrätt

chopping board

s Nudelholz

rolling pin

dr Korkäzieher

corkscrew

d Dosä

can

dr Dosäöffner

can opener

dr Topflappä

pot holder

s Wöschbecki

sink

d Bürste

brush

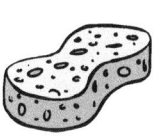

dr Schwumm

sponge

dr Mixer

blender

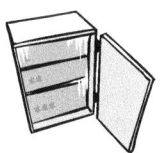

dr Gfrierschrank

deep freezer

s Babyfläschli

baby bottle

dr Hahnä

tap

s Badzimmer
bathroom

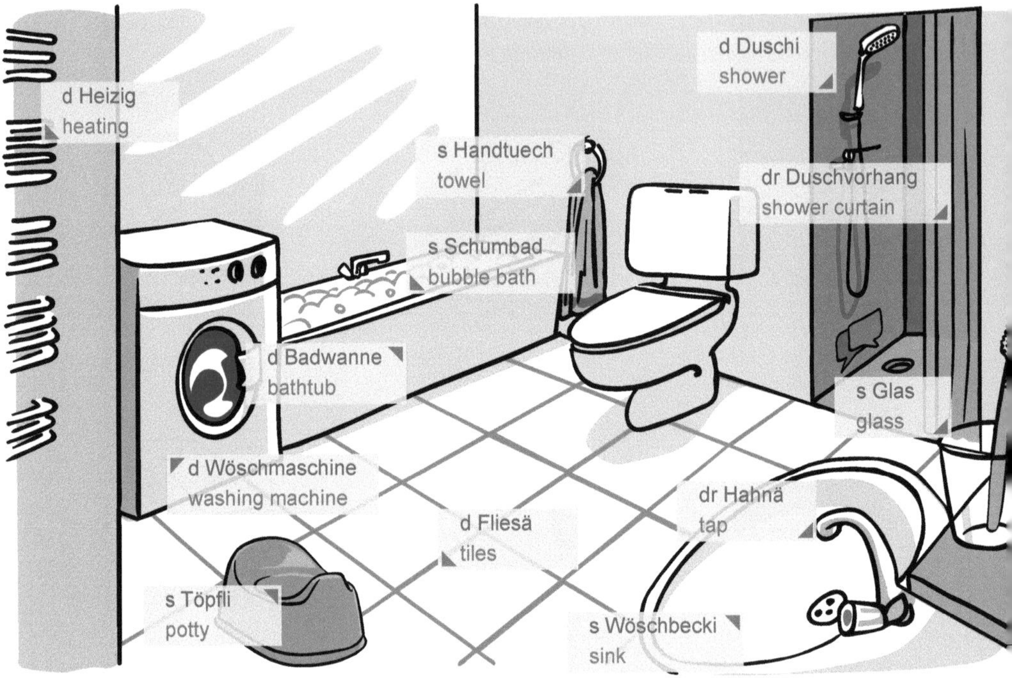
d Heizig
heating
s Handtuech
towel
d Duschi
shower
dr Duschvorhang
shower curtain
s Schumbad
bubble bath
d Badwanne
bathtub
s Glas
glass
d Wöschmaschine
washing machine
dr Hahnä
tap
d Fliesä
tiles
s Töpfli
potty
s Wöschbecki
sink

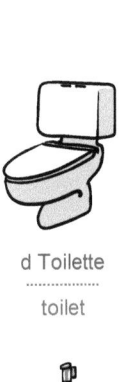

d Toilette

toilet

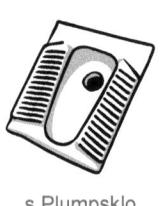

s Plumpsklo

squat toilet

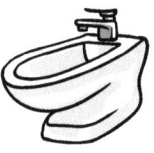

s Bidet

bidet

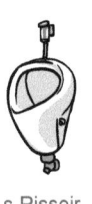

s Pissoir

urinal

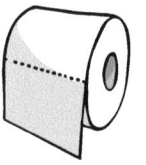

ds Toilettepapier

toilet paper

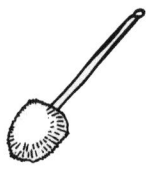

d Toilettebürschteli

toilet brush

d Zahbürstä

toothbrush

d Zahpasta

toothpaste

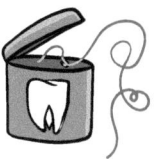

d Zahnsiide

dental floss

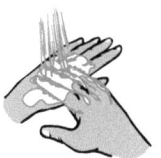

wäsche

wash

d Handduschi

handheld shower

d Intiimduschi

douche

s Wöschbecki

basin

d Ruggäbürste

back brush

d Seifä

soap

s Duschgel

shower gel

s Shampoo

shampoo

dr Waschlappä

flannel

dr Abfluss

drain

d Creme

cream

s Deo

deodorant

dr Spiegel

mirror

dr Handspiegel

hand mirror

dr Rasierer

razor

dr Rasierschuum

shaving foam

s Aftershave

aftershave

dr Schträäl

comb

d Bürstä

brush

dr Föhn

hair dryer

s Hoorspray

hairspray

s Makeup

makeup

dr Lippestift

lipstick

dr Nagellack

nail varnish

d Wattä

cotton wool

d Nagelscher

nail scissors

s Parfum

perfume

s Necessaire

washbag

dr Schemel

stool

d Waag

weighing scale

dr Badmantel

bathrobe

dr Gummihändscheh

rubber gloves

s Tampon

tampon

d Damebinde

sanitary towel

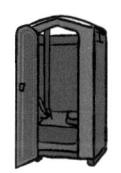

d chemischi Toilette

chemical toilet

s Chinderzimmer

child's room

dr Wecker
alarm clock
s Kuscheltier
cuddly toy
s Spielzügauto
toy car
d Rassle
rattle
s Puppehuus
doll's house
s Gschänk
present

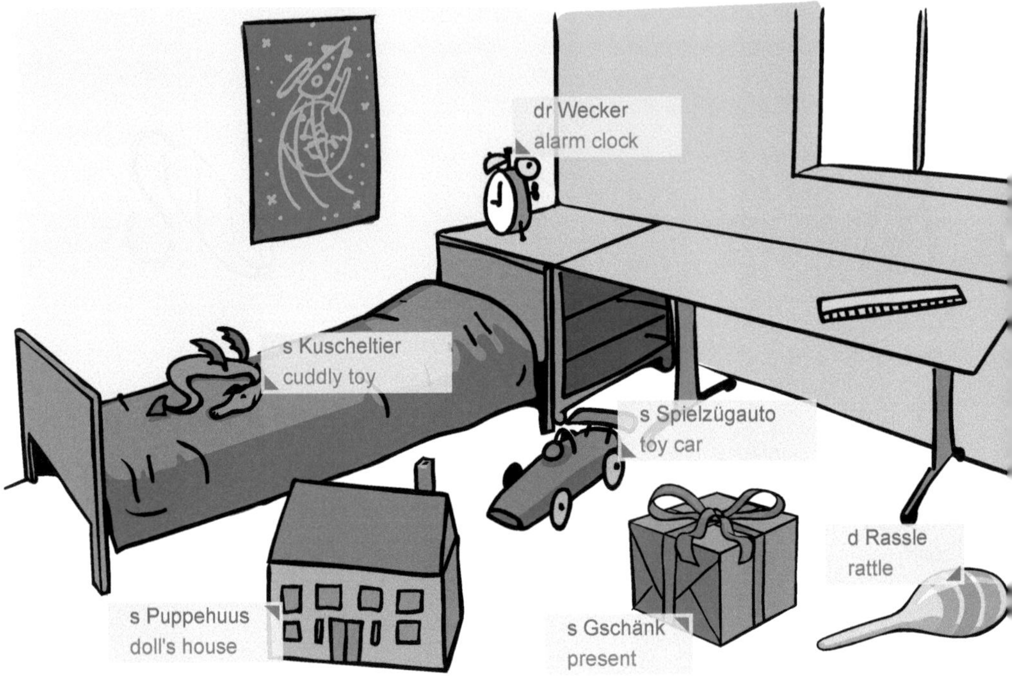

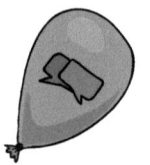

dr Ballon

balloon

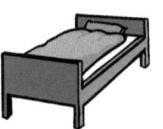

s Bett

bed

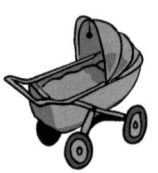

dr Chinderwage

pram

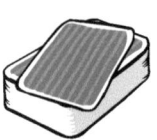

s Chartespiel

deck of cards

s Puzzle

jigsaw

SUPER
MEGA

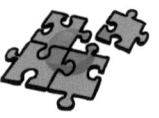

dr Comic

comic

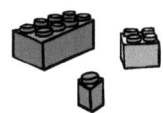

d Legos

lego bricks

d Baustei

building blocks

d Action Figur

action figure

s Strampli

babygrow

s Frisbee

frisbee

s Mobile

mobile

s Brättspiel

board game

dr Würfäl

dice

d Modellisebahn

model train set

dr Nuggi

dummy

d Party

party

s Bilderbuch

picture book

dr Ball

ball

d Puppä

doll

spiele

play

dr Sandchaschte

sandpit

d Gigampfi

swing

s Spielzüg

toys

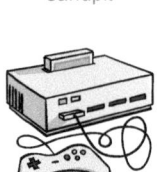

d Videospielkonsole

video game console

s Dreirad

tricycle

dr Teddy

teddy bear

dr Chleiderschrank

wardrobe

d Chleidig
clothing

d Sockä

socks

d Strümpf

stockings

d Strumpfhosä

tights

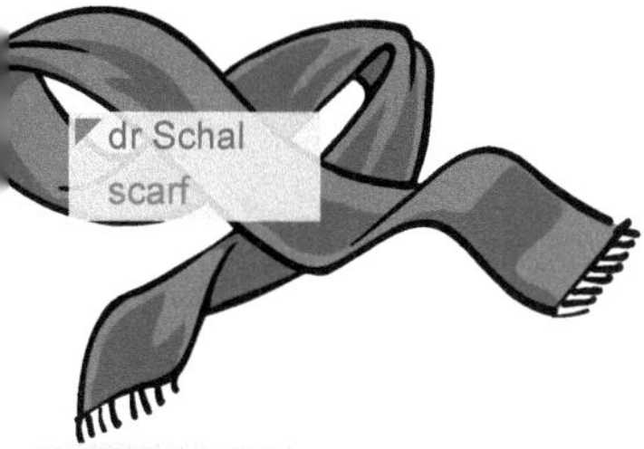

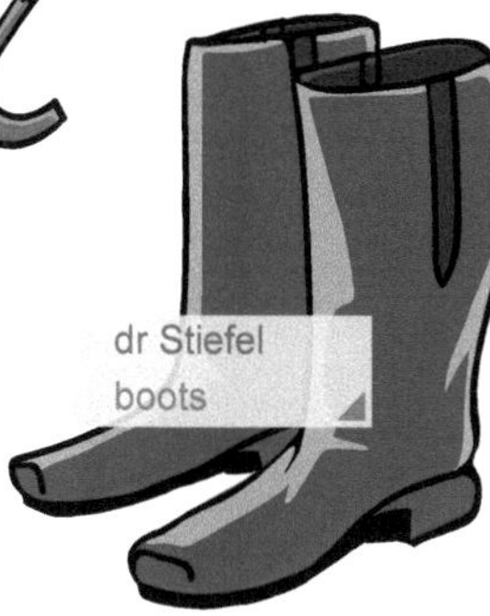

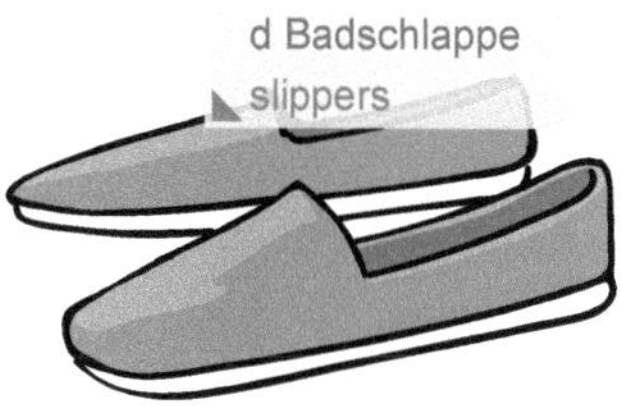

dr Schal
scarf

dr Rägeschirm
umbrella

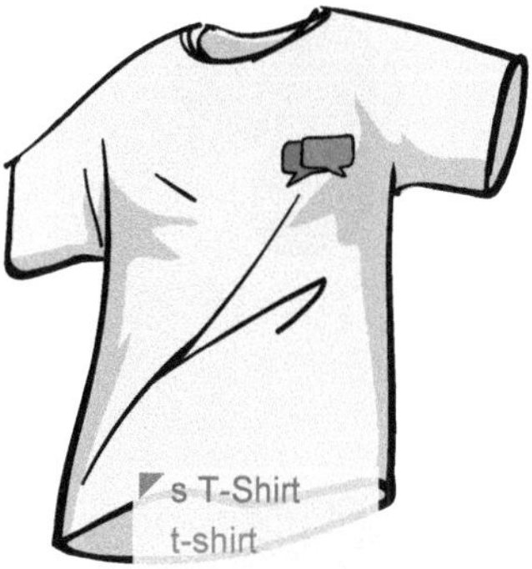

s T-Shirt
t-shirt

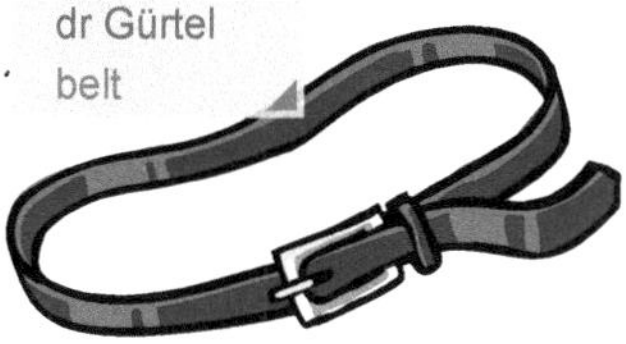

dr Gürtel
belt

dr Stiefel
boots

d Badschlappe
slippers

d Turnschueh
trainers

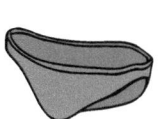

d Sandalä
....
sandals

d Schueh
....
shoes

d Gummistiefel
....
rubber boots

d Untrhosä
....
underpants

dr BH
....
bra

s Underlibli
....
vest

dr Body

body

d Hosä

trousers

d Jeans

jeans

dr Rock

skirt

d Bluse

blouse

s Hömli

shirt

dr Pulli

pullover

dr Kapuzepulli

hoodie

dr Blazer

blazer

d Jacke

jacket

dr Mantel

coat

dr Rägämantel

raincoat

s Chostüm

costume

s Chleid

dress

s Hochziitskleid

wedding dress

d Chleidig - clothing

dr Ahzug

suit

s Nachthömli

nightgown

s Pyjama

pyjamas

dr Sari

sari

s Chopftuäch

headscarf

dr Turban

turban

d Burka

burqa

dr Kaftan

kaftan

d Abaya

abaya

s Badchleid

swimsuit

d Badhose

trunks

d churzi Hosä

shorts

dr Trainer

tracksuit

d Schürze

apron

d Händsche

gloves

dr Chnopf

button

d Brüllä

glasses

s Armband

bracelet

d Chetti

necklace

dr Ring

ring

dr Ohrering

earring

d Chappe

cap

dr Chleiderbügel

coat hanger

dr Huet

hat

d Grawattä

tie

dr Riissverschluss

zip

dr Helm

helmet

dr Hosäträger

braces

d Schueluniform

school uniform

d Uniform

uniform

s Lätzli
bib

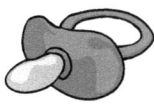
dr Nuggi
dummy

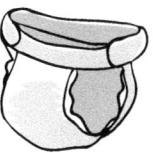
d Windle
nappy

s Büro
office

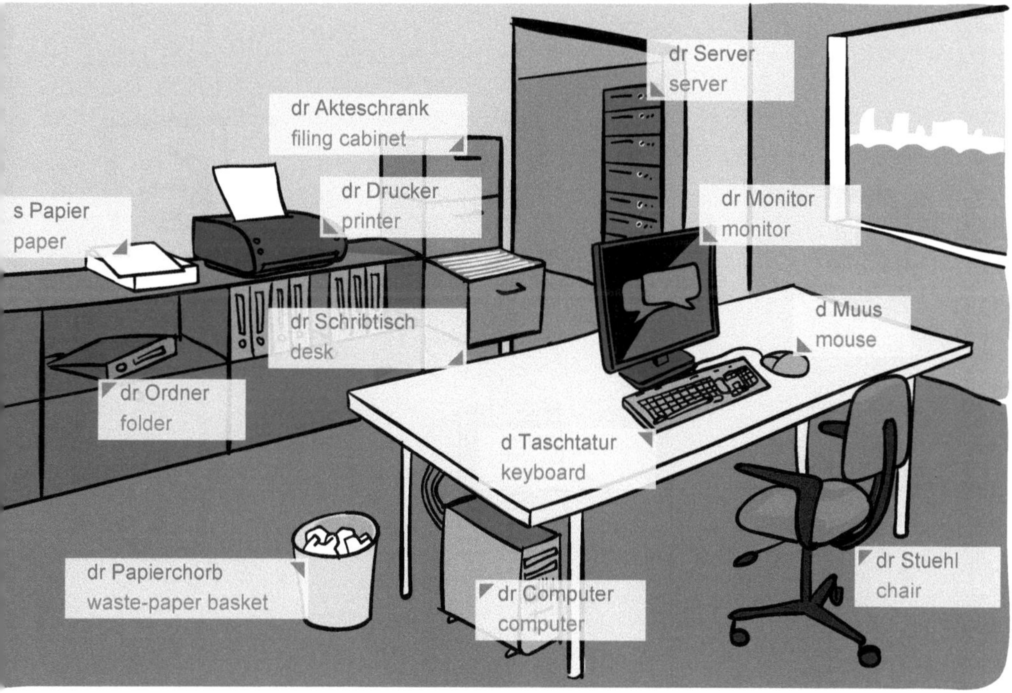

dr Server
server

dr Akteschrank
filing cabinet

dr Drucker
printer

s Papier
paper

dr Monitor
monitor

dr Schribtisch
desk

d Muus
mouse

dr Ordner
folder

d Taschtatur
keyboard

dr Papierchorb
waste-paper basket

dr Computer
computer

dr Stuehl
chair

dr Kafibächer
coffee mug

dr Tascherächner
calculator

s Internet
internet

s Büro - office   49

dr Laptop

laptop

dr Brief

letter

d Nochricht

message

s Mobiltelefon

mobile

s Netzwärk

network

dr Kopierer

photocopier

d Software

software

s Telefon

telephone

d Steckdosä

plug socket

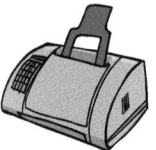

s Fax

fax machine

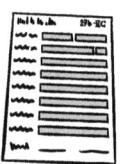

s Formular

form

s Dokumänt

document

s Büro - office

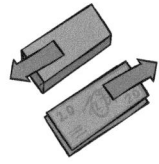

chaufe

buy

zahle

pay

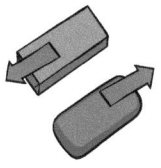

handle

trade

s Gäld

money

dr Dollar

dollar

dr Euro

euro

dr Yen

yen

dr Rubel

rouble

dr Frankä

Swiss franc

dr Renminbi Yuan

renminbi yuan

d Rupie

rupee

dr Gäldautomat

cashpoint

d Wächselstube

bureau de change

s Gold

gold

s Silber

silver

s Öl

oil

d Energie

energy

dr Preis

price

dr Vertrag

contract

d Stüür

tax

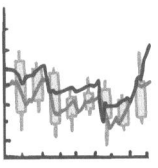

d Aktie

stock

schaffe

work

dr Mitarbeiter

employee

dr Arbeitgeber

employer

d Fabrik

factory

s Gschäft

shop

d Wirtschaft - economy

d Brüef
occupations

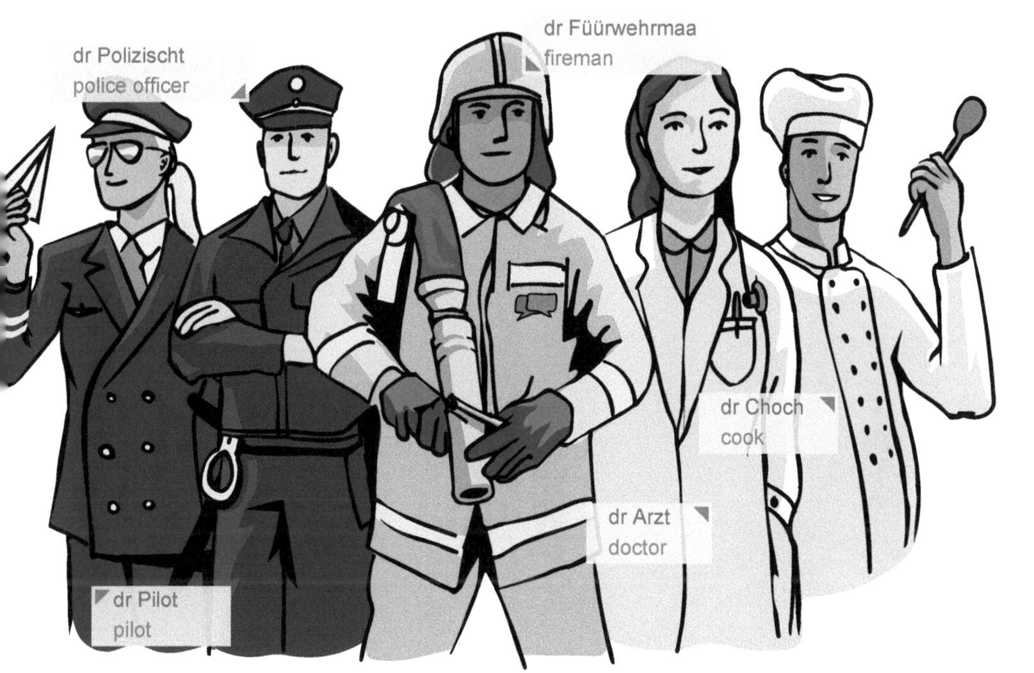
dr Polizischt
police officer
dr Füürwehrmaa
fireman
dr Choch
cook
dr Arzt
doctor
dr Pilot
pilot

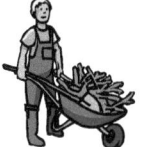

dr Gärtner

gardener

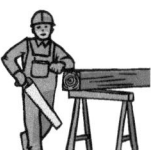

dr Zimmermah

carpenter

d Näheri

seamstress

dr Richter

judge

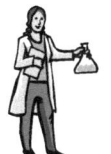

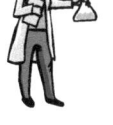

dr Chemiker

chemist

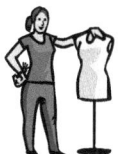

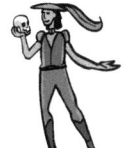

dr Darsteller

actor

dr Busfahrer

bus driver

dr Taxifahrer

taxi driver

dr Fischer

fisherman

d Putzfrau

cleaning lady

dr Dachdecker

roofer

dr Chällner

waiter

dr Jäger

hunter

dr Moler

painter

dr Bäcker

baker

dr Elektriker

electrician

dr Bauarbeiter

builder

dr Ingenieur

engineer

dr Schlachter

butcher

dr Klämpner

plumber

dr Pöschtler

postman

d Brüef - occupations

dr Soldat

soldier

dr Architekt

architect

dr Kassierer

cashier

dr Florischt

florist

dr Frisör

hairdresser

dr Kontrolleur

conductor

dr Mechaniker

mechanic

dr Kapitän

captain

dr Zahnarzt

dentist

dr Wüsseschaftler

scientist

dr Rabbi

rabbi

dr Imam

imam

dr Mönch

monk

dr Pfarrer

clergyman

d Werkzüüg

tools

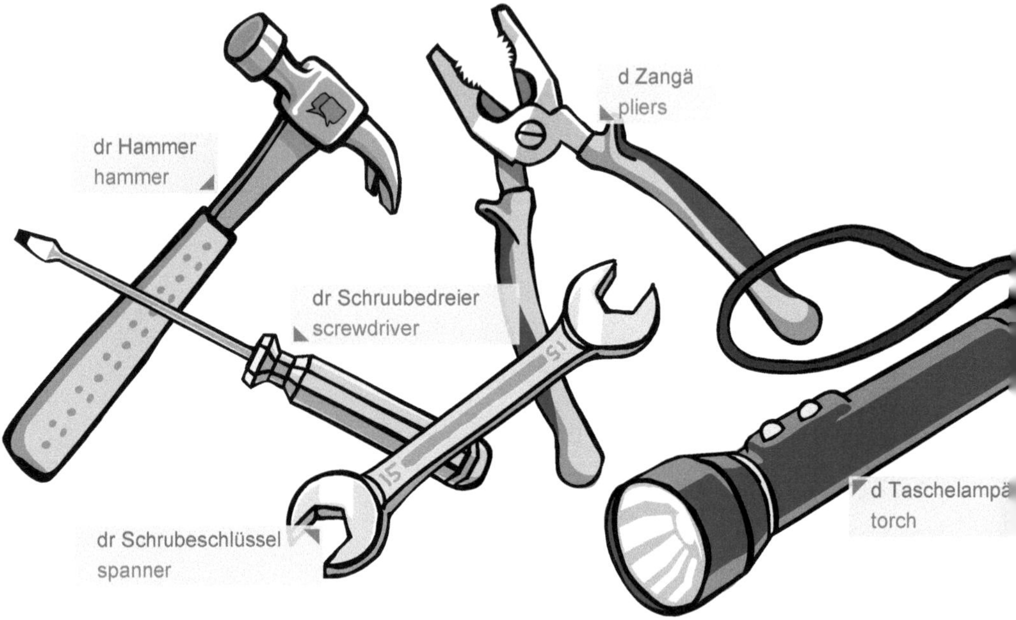

dr Hammer
hammer
d Zangä
pliers
dr Schruubedreier
screwdriver
dr Schrubeschlüssel
spanner
d Taschelampä
torch

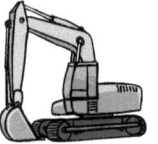

dr Bagger

digger

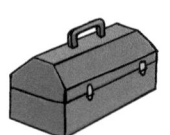

dr Werkzüügchaschte

toolbox

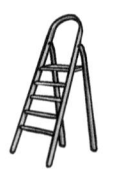

d Leitere

ladder

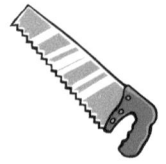

d Sagi

saw

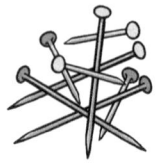

d Negel

nails

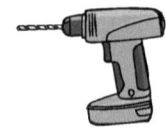

dr Bohrer

drill

flicke

repair

d Schufle

shovel

Mischt!

Damn!

d Ascheschufle

dustpan

dr Farbchübel

paint pot

d Schruube

screws

d Musiginstrumänt
musical instruments

s Schlagzüüg
drum kit

dr Luutsprächer
loudspeaker

dr Kontrabass
double bass

d Trompetä
trumpet

d Gitarre
guitar

s Klavier

piano

d Violine

violin

dr Bass

bass

d Pauke

timpani

d Trummle

drums

s Keyboard

keyboard

s Saxophon

saxophone

d Flöte

flute

s Mikrofon

microphone

dr Zolli

zoo

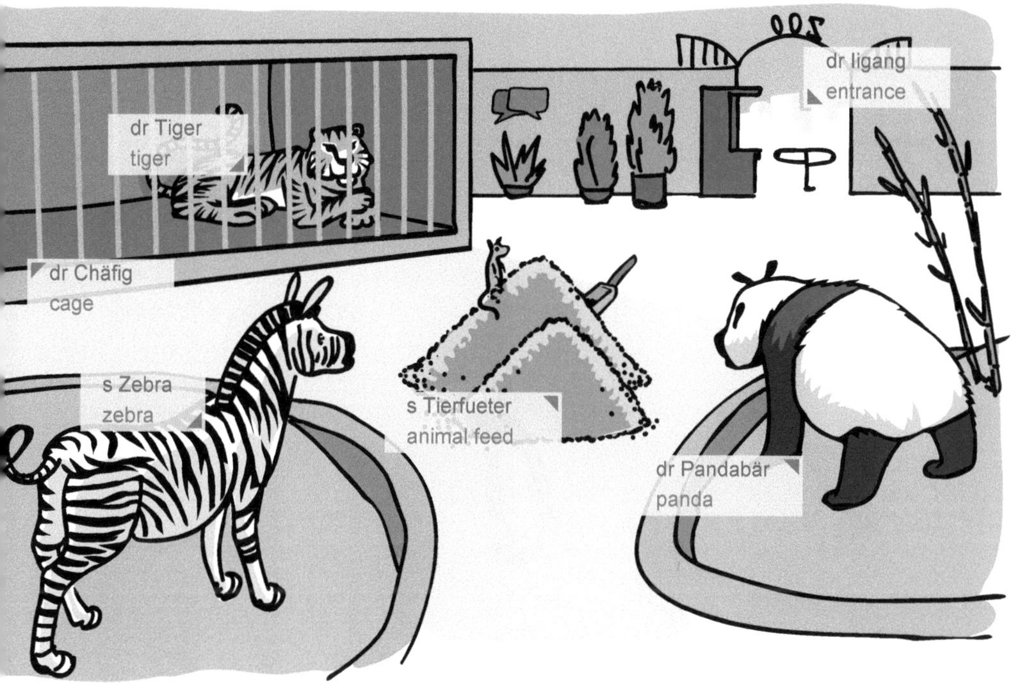
zoo
dr Iigang
entrance
dr Tiger
tiger
dr Chäfig
cage
s Zebra
zebra
s Tierfueter
animal feed
dr Pandabär
panda

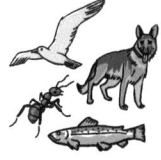

d Tier

animals

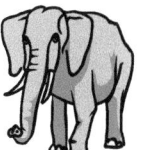

dr Elefant

elephant

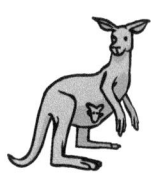

s Känguru

kangaroo

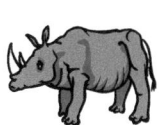

s Nashorn

rhino

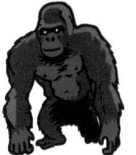

dr Gorilla

gorilla

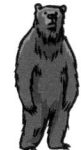

dr Bär

bear

s Kamel

camel

dr Struss

ostrich

dr Leu

lion

dr Aff

monkey

dr Flamingo

flamingo

dr Papagei

parrot

dr Iisbär

polar bear

dr Pinguin

penguin

dr Hai

shark

dr Pfau

peacock

d Schlangä

snake

s Krokodil

crocodile

dr Zoowärter

zookeeper

d Robbä

seal

dr Jaguar

jaguar

s Pony

pony

dr Leopard

leopard

s Nilpfärd

hippo

d Giraff

giraffe

dr Adler

eagle

s Wildschwein

boar

dr Fisch

fish

d Schildkrot

turtle

s Walross

walrus

dr Fuchs

fox

d Gazelle

gazelle

s American Football
American football

s Velofahre
cycling

s Tennis
tennis

dr Basketball
basketball

s Schwümmä
swimming

s lishockey
ice hockey

s Boxä
boxing

dr Fuessball
football

s Badminton
badminton

d Liechtathletik
athletics

dr Handball
handball

s Skifahre
skiing

s Polo
polo

d Aktivitäte
activities

lachä
laugh
springä
jump
umarme
hug
gah
walk
singe
sing
troime
dream
bätte
pray
küssä
kiss

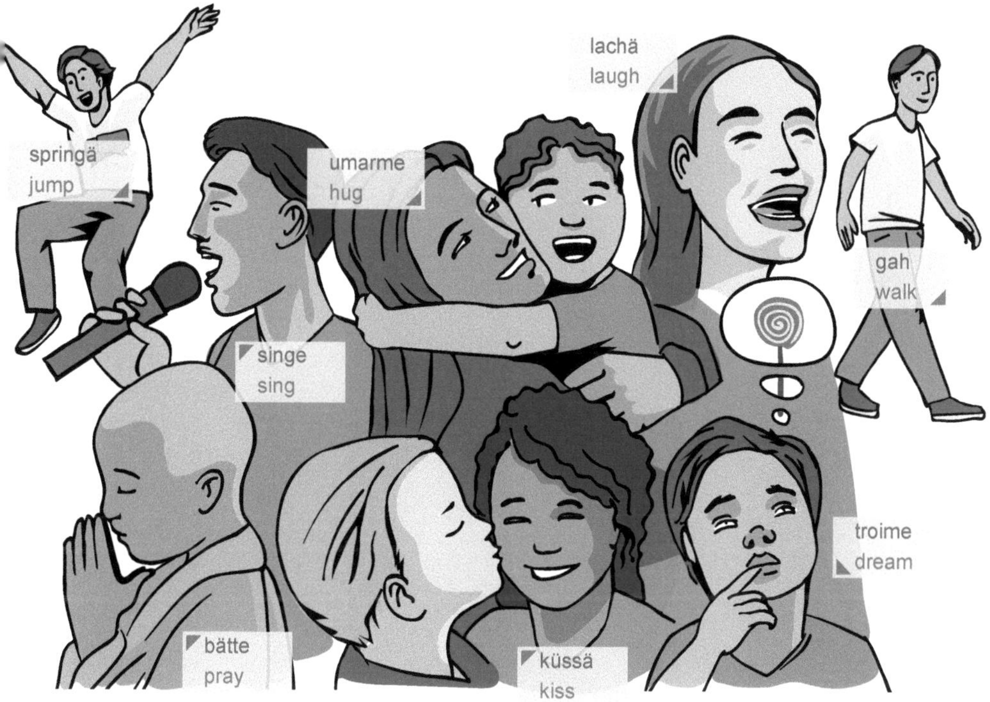

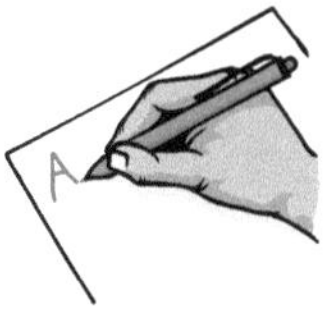

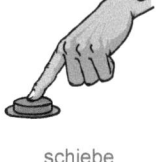

schribe

write

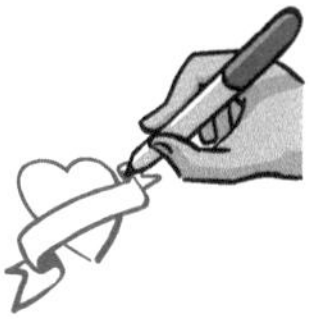

zeichne

draw

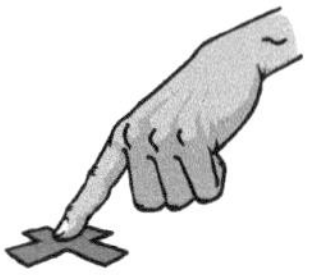

zeige

show

schiebe

push

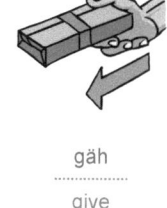

gäh

give

näh

take

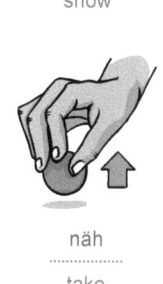

händ

have

mache

do

sy

be

stah

stand

laufe

run

zieh

pull

rüerä

throw

fallä

fall

ligge

lie

warte

wait

träge

carry

sitze

sit

ahzieh

get dressed

schlafe

sleep

ufwache

wake up

d Aktivitäte - activities

ahluege

look at

brüele

cry

striichle

stroke

bürste

comb

redä

talk

verschtah

understand

froog

ask

lose

listen

trinke

drink

ässe

eat

ufruume

tidy up

liebe

love

chochä

cook

fahre

drive

flüge

fly

segle

sail

rächne

calculate

läse

read

leerä

learn

schaffe

work

hürate

marry

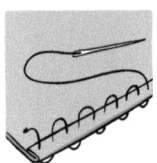

näije

sew

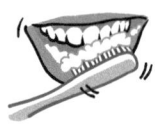

Zäh putze

brush teeth

töte

kill

schlootä

smoke

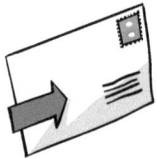

sände

send

d Familiä

family

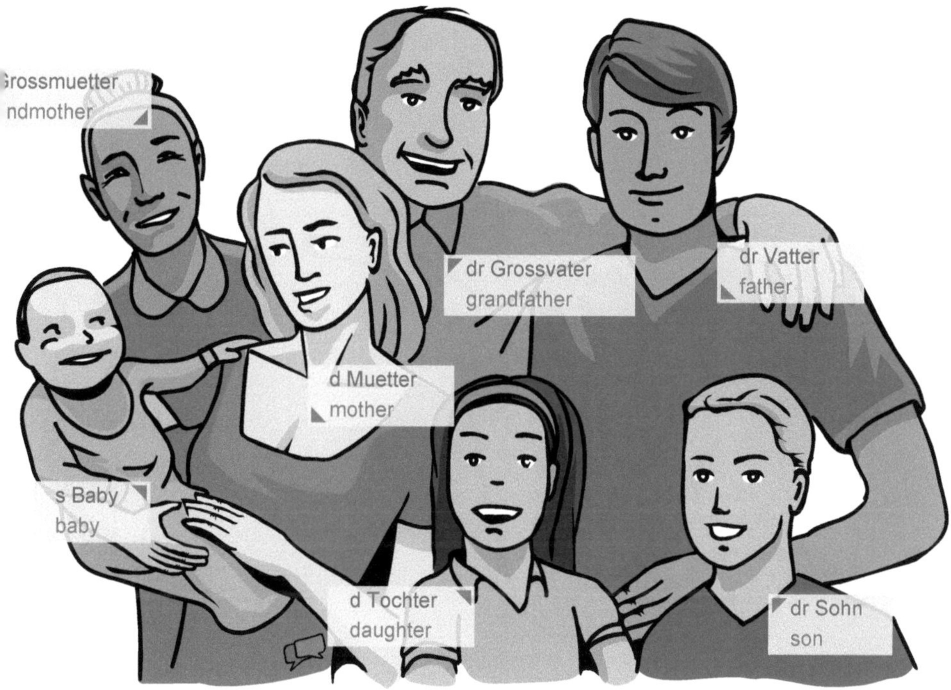

rossmuetter
ndmother
dr Grossvater
grandfather
dr Vatter
father
d Muetter
mother
s Baby
baby
d Tochter
daughter
dr Sohn
son

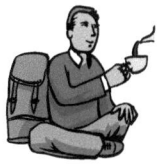

dr Gast

guest

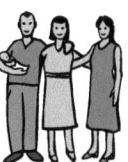

d Tante

aunt

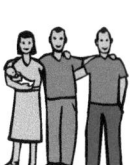

dr Unkel

uncle

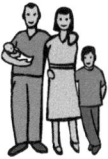

dr Brüeder

brother

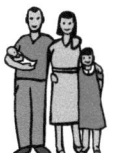

d Schwöschter

sister

dr Körpär

body

d Stirn
forehead
ds Aug
eye
d Schultere
shoulder
dr Fingär
finger
s Gsicht
face
s Chüni
chin
d Hand
hand
s Bei
leg
d Bruscht
breast
dr Arm
arm

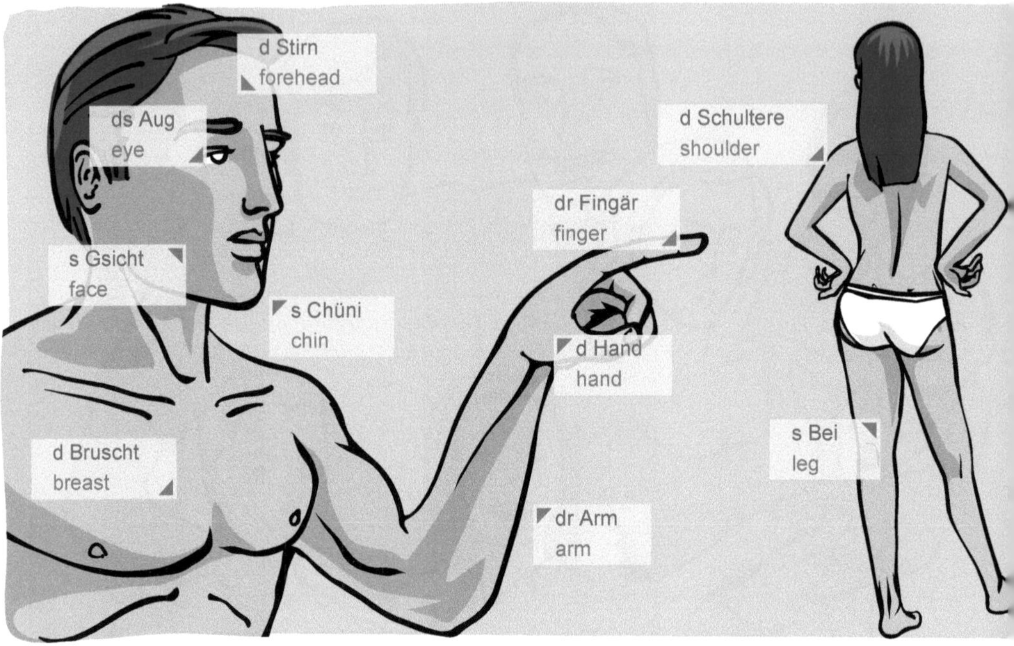

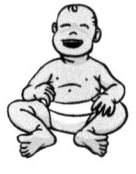

s Baby

baby

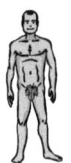

dr Mah

man

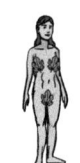

d Frau

woman

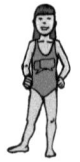

s Meitli

girl

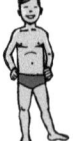

dr Bueb

boy

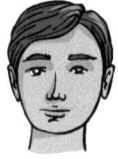

dr Chopf

head

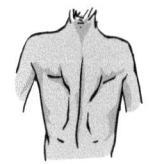

dr Ruggä

back

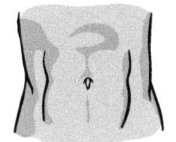

dr Buuch

belly

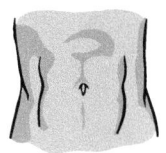

dr Buchnabel

belly button

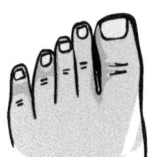

dr Zäche

toe

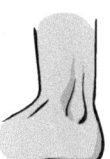

d Fersä

heel

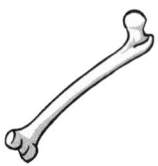

d Knoche

bone

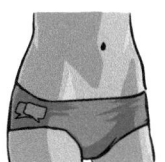

d Hüfte

hip

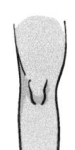

s Chnü

knee

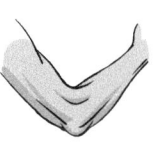

dr Ellbogä

elbow

d Nase

nose

s Füdli

bottom

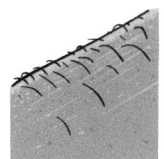

d Hut

skin

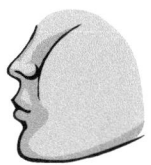

d Bagge

cheek

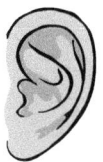

s Ohr

ear

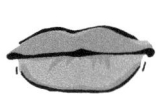

d Lippe

lip

s Muul

mouth

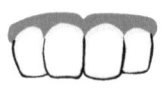

dr Zah

tooth

d Zungä

tongue

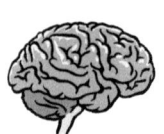

s Hirni

brain

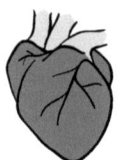

s Härz

heart

dr Muskel

muscle

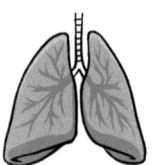

d Lungä

lung

d Läberä

liver

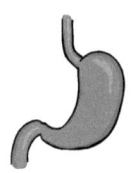

dr Magen

stomach

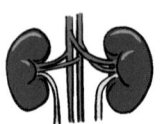

d Nierä

kidneys

dr Gschlächtsvrkehr

sex

s Kondom

condom

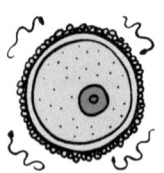

d Eizälle

ovum

dr Soome

semen

d Schwangerschaft

pregnancy

dr Körpär - body

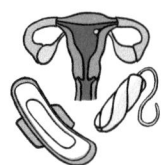

d Menstruation

menstruation

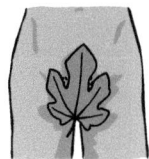

d Vagina

vagina

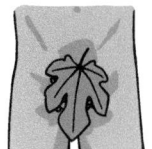

dr Penis

penis

d Augebrauä

eyebrow

s Haar

hair

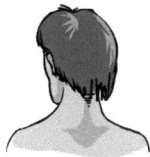

dr Hals

neck

s Spital
hospital

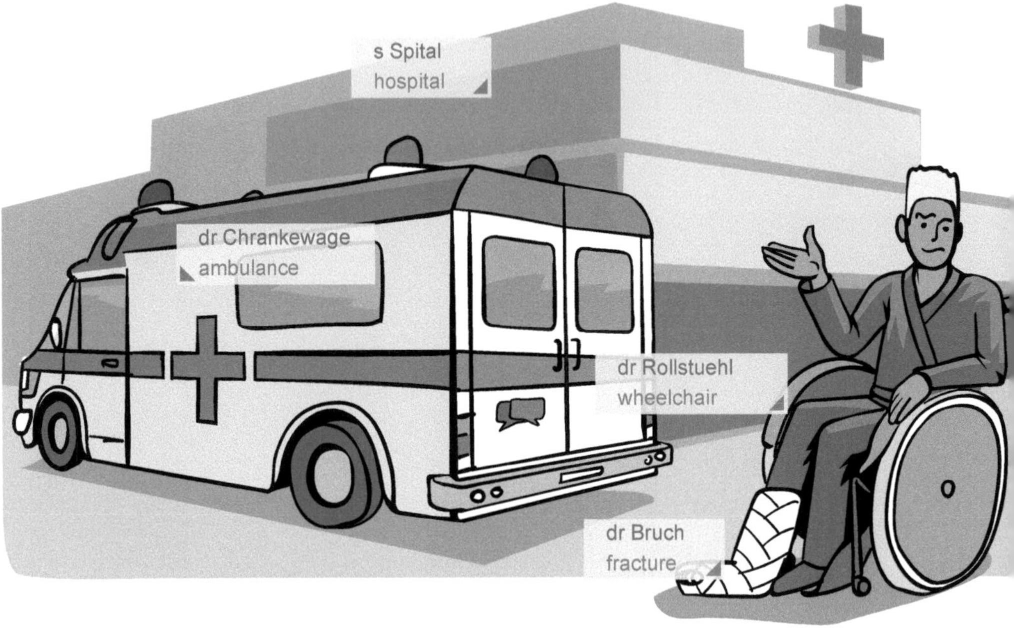

s Spital
hospital
dr Chrankewage
ambulance
dr Rollstuehl
wheelchair
dr Bruch
fracture

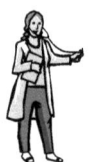

dr Arzt

doctor

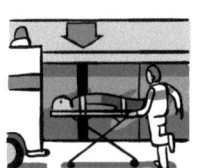

d Notufnahm

emergency room

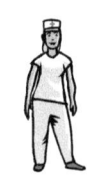

d Chrankeschwöschter

nurse

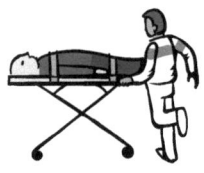

dr Notfall

emergency

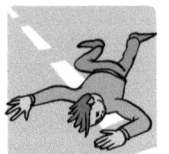

ohnmächtig

unconscious

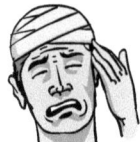

dr Schmärz

pain

d Verletzig

injury

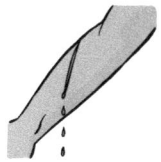

d Bluätig

bleeding

dr Härzinfarkt

heart attack

dr Schlagahfall

stroke

d Allergie

allergy

dr Hueschtä

cough

s Fieber

fever

d Grippe

flu

dr Durchfall

diarrhoea

d Kopfschmärze

headache

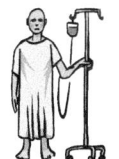

dr Kräbs

cancer

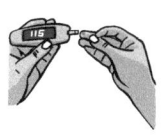

dr Diabetes

diabetes

dr Chirurg

surgeon

s Skalpell

scalpel

d Operation

operation

s Spital - hospital

s CT

CT

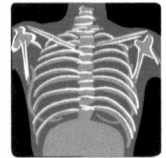

s Röntgä

x-ray

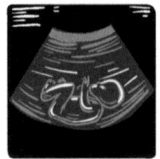

s Ultraschall

ultrasound

d Gsichtsmaske

face mask

d Krankhet

disease

s Wartezimmer

waiting room

d Krückä

crutch

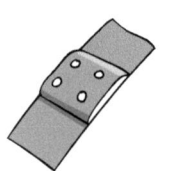

s Pflaster

plaster

dr Vrband

bandage

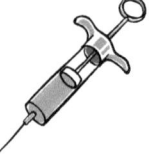

d Injektion

injection

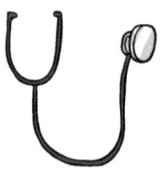

s Stethoskop

stethoscope

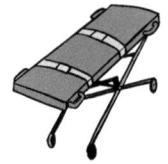

d Trage

stretcher

s Thermometer

clinical thermometer

d Geburt

birth

s Übergwicht

overweight

s Spital - hospital

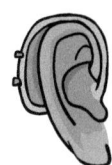

s Hörgrät

hearing aid

s Desinfektionsmittel

disinfectant

d Infektion

infection

s Virus

virus

s HIV / AIDS

HIV / AIDS

d Medizin

medicine

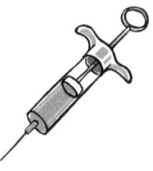

d Impfig

vaccination

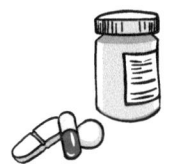

d Tablette

tablets

d Pille

pill

dr Notruef

emergency call

s Bluetdruck-Mässgrät

blood pressure monitor

chrank / gsund

ill / healthy

Hiufe!

Help!

dr Alarm

alarm

dr Überfall

assault

dr Ahgriff

attack

d Gfohr

danger

dr Notuusgang

emergency exit

Füür!

Fire!

dr Füürlöscher

fire extinguisher

dr Unfall

accident

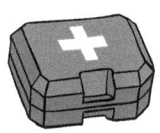

dr Ersti-Hilf-Koffer

first-aid kit

SOS

SOS

d Polizei

police

s Europa

Europe

s Nordamerika

North America

s Südamerika

South America

s Afrika

Africa

s Asie

Asia

s Auschtralie

Australia

dr Atlantik

Atlantic

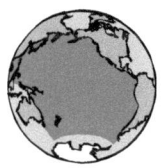

dr Pazifik

Pacific

dr Indische Ozean

Indian Ocean

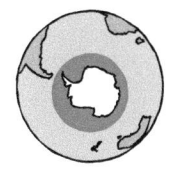

dr Antarktische Ozean

Antarctic Ocean

dr Arktische Ozean

Arctic Ocean

dr Nordpol

North Pole

dr Südpol

South Pole

d Antarktis

Antarctica

d Ärde

Earth

s Land

land

s Meer

sea

d Inslä

island

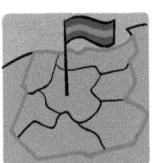

d Nation

nation

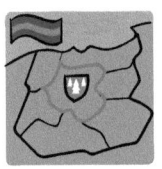

dr Staat

state

s Ziffereblatt

clock face

dr Stundezeiger

hour hand

dr Minutezeiger

minute hand

dr Sekundezeiger

second hand

Wie spaht isch es?

What time is it?

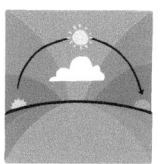

dr Tag

day

d Zit

time

jetzt

now

d Digitaluhr

digital watch

d Minute

minute

d Stunde

hour

d Wuche
week

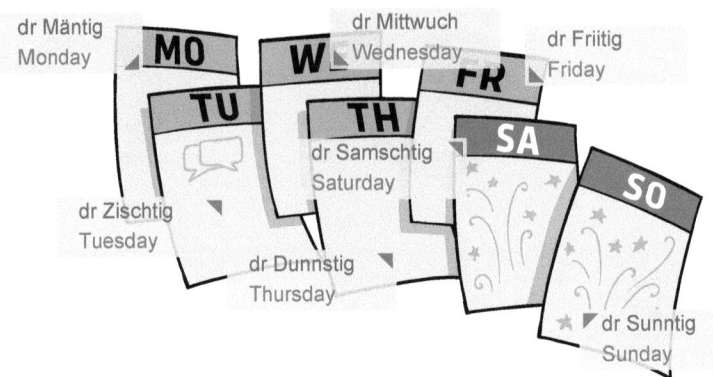

dr Mäntig
Monday

dr Mittwuch
Wednesday

dr Friitig
Friday

dr Zischtig
Tuesday

dr Samschtig
Saturday

dr Dunnstig
Thursday

dr Sunntig
Sunday

geschter

yesterday

hüt

today

morn

tomorrow

dr Morgä

morning

dr Mittag

noon

dr Aabig

evening

MO	TU	WE	TH	FR	SA	SU
1	2	3	4	5	6	7
8	9	10	11	12	13	14
15	16	17	18	19	20	21
22	23	24	25	26	27	28
29	30	31	1	2	3	4

d Wärktag

business days

MO	TU	WE	TH	FR	SA	SU
1	2	3	4	5	6	7
8	9	10	11	12	13	14
15	16	17	18	19	20	21
22	23	24	25	26	27	28
29	30	31	1	2	3	4

s Wuchenänd

weekend

s Johr
year

dr Rägeboge
rainbow
dr Räge
rain
dr Schnee
snow
dr Wind
wind
dr Früelig
spring
dr Herbscht
autumn
dr Summer
summer
dr Winter
winter

4.APRIL 11°
5.APRIL 4°
6.APRIL 13°
7.APRIL 8°
8.APRIL 10°

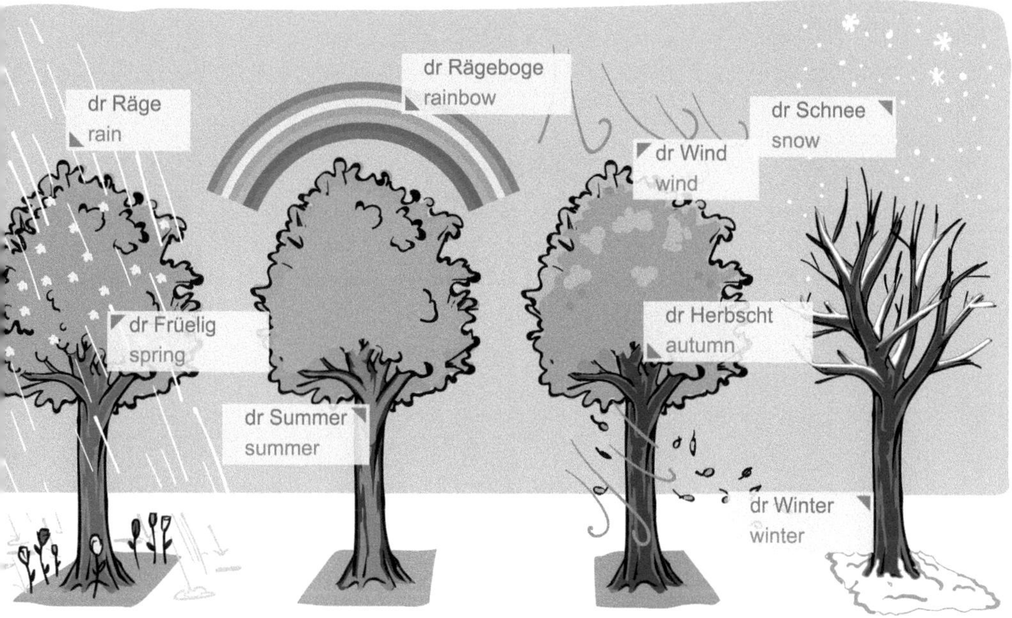

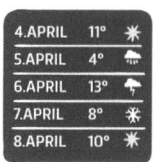

d Wättervorhärsag

weather forecast

F
C
120
90
60
30
0
-30
40
30
20
10
0
-10
-20

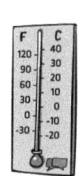

s Thermometer

thermometer

dr Sunneschiin

sunshine

d Wolkä

cloud

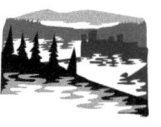

d Näbel

fog

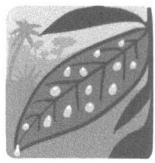

d Fiechtigkeit

humidity

dr Blitz

lightning

dr Dunner

thunder

dr Sturm

storm

d Hagel

hail

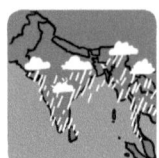

dr Monsun

monsoon

d Fluet

flood

s lis

ice

dr Januar

January

dr Februar

February

dr März

March

dr April

April

dr Mai

May

dr Juni

June

dr Juli

July

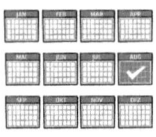

dr Auguscht

August

dr Septämber
....
September

dr Oktober
....
October

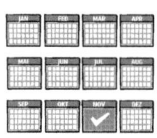

dr Novämber
....
November

dr Dezämber
....
December

d Forme
shapes

dr Kreis
....
circle

s Quadrat
....
square

s Rächteck
....
rectangle

s Dreieck
....
triangle

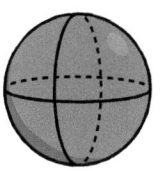

d Chugele
....
sphere

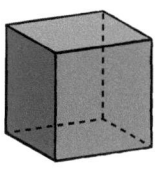

dr Würfel
....
cube

d Farbä

colours

wiss

white

gäl

yellow

orange

orange

pink

pink

rot

red

liila

purple

blau

blue

grüen

green

bruun

brown

grau

grey

schwarz

black

viel / wenig

a lot / a little

hässig / ruhig

angry / calm

hübsch / hässlich

beautiful / ugly

dr Ahfang / s Ändi

beginning / end

gross / chli

big / small

hell / dunkel

bright / dark

Brüeder / d Schwöschter

brother / sister

suuber / dräckig

clean / dirty

vollständig / unvollständig

complete / incomplete

dr Tag / d Nacht

day / night

tot / läbig

dead / alive

breit / schmal

wide / narrow

ässbar / nid ässbar

edible / inedible

bös / fründlich

evil / kind

uffreggt / glangwilt

excited / bored

dick / dünn

fat / thin

zerscht / zletscht

first / last

dr Fründ / dr Find

friend / enemy

voll / läär

full / empty

hart / weich

hard / soft

schwer / liecht

heavy / light

dr Hunger / dr Durscht

hunger / thirst

chrank / gsund

ill / healthy

illegal / legal

illegal / legal

intelligänt / gatz

intelligent / stupid

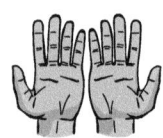

links / rächts

left / right

nöch / wiit weg

near / far

neu / bruucht

new / used

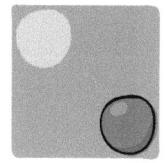

nüt / öpis

nothing / something

alt / jung

old / young

ah / uss

on / off

offe / zue

open / closed

lislig / luut

quiet / loud

riich / arm

rich / poor

richtig / falsch

right / wrong

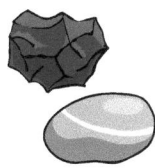

rau / glatt

rough / smooth

truurig / glücklich

sad / happy

churz / lang

short / long

langsam / schnäll

slow / fast

nass / trochä

wet / dry

warm / chalt

warm / cool

dr Chrieg / dr Friede

war / peace

0	**1**	**2**
Null	eis	zwei
zero	one	two

3	**4**	**5**
drü	vier	foif
three	four	five

6	**7**	**8**
sächs	sibe	acht
six	seven	eight

9	**10**	**11**
nün	zäh	elf
nine	ten	eleven

12

zwölf

twelve

13

drizäh

thirteen

14

vierzäh

fourteen

15

füfzäh

fifteen

16

sächzäh

sixteen

17

siebzäh

seventeen

18

achtzäh

eighteen

19

nünzäh

nineteen

20

zwänzg

twenty

100

Hundert

hundred

1.000

Tuusig

thousand

1.000.000

Million

million

Änglisch

English

Amerikanischs Änglisch

American English

Chinesisch Mandarin

Chinese Mandarin

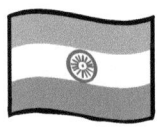

Hindi

Hindi

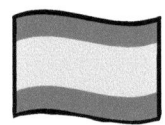

Spanisch

Spanish

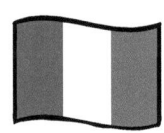

Französisch

French

Arabisch

Arabic

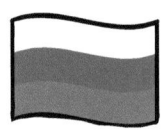

Russisch

Russian

Portugiesisch

Portuguese

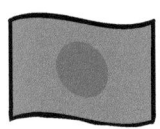

Bengalisch

Bengali

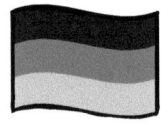

Dütsch

German

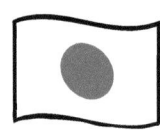

Japanisch

Japanese

ich

I

du

you

är / sie / es

he / she / it

mir

we

ihr

you

sie

they

wär?

who?

was?

what?

wie?

how?

wo?

where?

wänn?

when?

Name

name

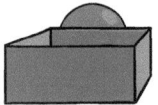

hinder

behind

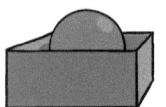

in

in

vor

in front of

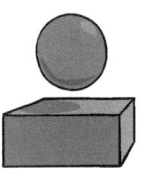

über

over

uf

on

under

under

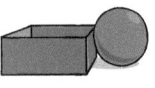

näbe

beside

zwüsche

between

dr Ort

place